En la primavera cuando el señor Saltamontes sembró su jardín, sembró las semillas en surcos largos y derechos. Cuando las plantas empezaron a crecer . . .

In the spring when Mr. Grasshopper planted his garden, he planted the seeds in long, straight rows. When the plants began to grow . . .

9 crecieron altas y derechas.

8 crecieron bajas y redondas.

3 crecieron medianas y frondosas.

Una creció tan grande que se extendió hasta cubrir casi todo el jardín.

9 grew straight and tall.

8 grew short and round.

3 grew medium and leafy.

One grew so big that it spread out until it covered almost all of the garden.

En esta planta crecieron . . .
   7   sandías chiquititas,
   4   sandías medianas,
y una sandía . . .

On this plant grew . . .
   7   *tiny watermelons,*
   4   *medium watermelons,*
and one watermelon that was . . .

. . . grandotota.

. . . *enormous.*

Cuando toda la cosecha estaba madura, el señor Saltamontes invitó a todos sus amigos a compartirla.

When all of the crops were ripe, Mr. Grasshopper invited all of his friends to share them.

De los que vinieron,
  3 pájaros picotearon los tomates.
  2 conejitos mordieron el repollo y
  5 gusanitos subieron a los tallos del maíz.

Of those who came,
  3 birds pecked at the tomatoes.
  2 rabbits nibbled the cabbage and
  5 worms crawled up the corn stalks.

6 serpientes se enroscaron en la sombra
a gozar la sandía y
10 hormiguitas llegaron solo para divertirse.

6 snakes curled up in the shade
to enjoy the watermelon and
10 ants arrived just to have a good time.

De las semillas que cayeron en el jardín, empezaron a crecer plantas nuevas. ¡Vuelvan a contar!

From the seeds that fell in the garden, new plants began to grow. Count again!